Investieren für Anfänger

Ein intelligenter Leitfaden für Investoren, um Ihren Reichtum zu vergrößern und vorzeitig in Rente zu gehen

Copyright 2020 by Walter Wayne - Alle Rechte vorbehalten.

Dieses Dokument ist darauf ausgerichtet, genaue und zuverlässige Informationen zum behandelten Thema und zur Fragestellung zu liefern. Die Publikation wird mit dem Gedanken verkauft, dass der Verleger keine buchhalterischen, offiziell erlaubten oder anderweitig qualifizierten Dienstleistungen erbringen muss. Wenn eine Beratung notwendig ist, sei es juristisch oder professionell, sollte eine in diesem Beruf tätige Person bestellt werden.

- Aus einer Grundsatzerklärung, die von einem Ausschuss der amerikanischen Anwaltskammer und einem Ausschuss von Verlegern und Verbänden gleichermaßen angenommen und genehmigt wurde.

Es ist in keiner Weise legal, irgendeinen Teil dieses Dokuments zu reproduzieren, zu vervielfältigen oder zu übertragen, weder auf elektronischem Wege noch in gedruckter Form. Die Aufnahme dieser Veröffentlichung ist strengstens verboten und jede Speicherung dieses Dokuments ist nur mit schriftlicher Genehmigung des Herausgebers erlaubt. Alle Rechte vorbehalten.

Die hierin enthaltenen Informationen werden als wahrheitsgetreu und konsistent erklärt, da jegliche Haftung, ob durch Unachtsamkeit oder anderweitig, durch Nutzung oder Missbrauch der darin enthaltenen Richtlinien, Prozesse oder Anweisungen, in der alleinigen und vollständigen Verantwortung des Empfängers liegt. Unter keinen Umständen kann der Herausgeber für irgendwelche Reparationen, Schäden oder Geldverluste, die direkt oder indirekt auf die hierin enthaltenen Informationen zurückzuführen sind, rechtlich verantwortlich gemacht oder beschuldigt werden.

Die jeweiligen Autoren besitzen alle Urheberrechte, die nicht im Besitz des Verlags sind.

Die hierin enthaltenen Informationen werden ausschließlich zu Informationszwecken angeboten und sind daher universell einsetzbar. Die Präsentation der Informationen erfolgt ohne Vertrag oder irgendeine Art von Garantiezusage.

Die verwendeten Marken werden ohne jegliche Zustimmung verwendet, und die Veröffentlichung der Marke erfolgt ohne Genehmigung oder Unterstützung durch den Markeninhaber. Alle Warenzeichen und Marken in diesem Buch dienen nur der Verdeutlichung und sind Eigentum der Eigentümer selbst, die nicht mit diesem Dokument verbunden sind.

Inhaltsverzeichnis

Einführung 5
Kapitel 1: Warum investieren? 7
Kapitel 2: Die Kraft des Compounding 18
Kapitel 3: Wichtige Grundsätze des Investierens 29
Kapitel 4: Erkennen Sie sich selbst und Ihre Investition 39
Kapitel 5: Häufige Fehler von Anfängern 46
Kapitel 6: Wo soll man anfangen? 55
Schlussfolgerung 67
Bonus! 68

Einführung

Liebe Leserinnen und Leser,

Zuallererst möchte ich Ihnen für den Kauf dieses Buches danken. Ob dies nun Ihr erster Schritt ist, um mehr über Investitionen und die Vermehrung Ihres Vermögens zu erfahren, oder eine Fortsetzung Ihrer Reise, ich hoffe, dass dies für Sie von Nutzen ist.

Dieses Buch enthält Informationen über die Grundlagen des Investierens und seine Bedeutung sowie darüber, wie man anfangen kann, sein Vermögen zu vermehren und häufige Fallstricke zu vermeiden, in die Anfänger geraten. Es richtet sich an Anfänger, um sich mit dem Anlegen vertraut zu machen, anstatt sich mit komplizierten Anlagestrategien zu befassen. Außerdem möchte ich hinzufügen, dass Sie in diesem Buch nichts finden werden, was Sie über Nacht reich machen könnte, denn das gibt es einfach nicht. Es ist wichtig, sich daran zu erinnern, dass Investieren nicht dasselbe ist wie Glücksspiel. Menschen, die dieses Missverständnis haben, sind diejenigen, die am schnellsten scheitern.

Während sich viele Investitions- und Finanzbücher mit komplizierten Finanzbegriffen und anderen Fusseln verzetteln können, die es schwierig machen, die ersten Kapitel zu überstehen, ist dieses Buch bewusst auf den Punkt gebracht und leicht verständlich.

Ich hoffe, es macht Ihnen Spaß und Sie profitieren davon. Fühlen Sie sich frei, eine Rezension zu hinterlassen, wenn Sie möchten!

Mit freundlichen Grüßen,

Walter Wayne

Kapitel 1: Warum investieren?

Was die Reichen anders machen

Ihren Gehaltsscheck zu strecken, um am Ende des Monats über die Runden zu kommen, kann manchmal ziemlich schwierig sein. Die meisten Menschen haben das Gefühl, nie genug zu verdienen oder das Leben in vollen Zügen zu genießen. Niemand hätte etwas dagegen, mehr Geld zu haben. Ob Sie nun von Gehaltsscheck zu Gehaltsscheck leben oder bereits Millionär sind, mehr Geld zu haben (natürlich auf legale Weise!) ist selten eine schlechte Sache.

Aber warum geht es manchen Menschen so viel besser als anderen? Was machen die Reichen anders? Diese Fragen werden Sie sich vielleicht von Zeit zu Zeit stellen. Bevor Sie diese Fragen beantworten, ist es wichtig zu wissen, dass ich, wenn ich sage, dass jemand reich ist, nicht meine, dass er ein absurdes Einkommen erzielt. Vielmehr ist sein Nettovermögen (Vermögen minus Verbindlichkeiten) sehr hoch. Ein hohes Nettovermögen zeigt, dass man das Spiel mit dem Geld versteht und weiß, wie man das, was man verdient, behalten kann, anstatt es alles auszugeben. Das ist der Grund, warum ich Lotteriegewinner nicht als reich betrachte. Solange sie nicht beweisen können, dass sie das gewonnene Geld entweder behalten oder es wachsen lassen können, anstatt nach ein paar Jahren pleite zu sein, sind sie in meinen Augen nicht reich.

Es mag den Anschein erwecken, als seien manche Menschen einfach dazu bestimmt, reich zu sein, aber das stimmt einfach nicht. Der Unterschied zwischen den Reichen und dem Rest der Gesellschaft ist die unterschiedliche Denkweise in Bezug auf Geld. Sie verstehen es, Geld für sich arbeiten zu lassen, anstatt dafür zu arbeiten. Eine allgemein anerkannte Wahrheit ist, dass die Reichen einen Teil ihres Einkommens zuerst sparen und investieren. Erst wenn sie genug Geld für ihre Ziele beiseite gelegt haben, geben sie es aus. Sie sind bereit, kurzfristige Freude für langfristigen Gewinn zu opfern. Wie wir später noch näher erläutern werden, ist dies ein wichtiger Gedanke, den man sich bei Investitionen zu eigen machen sollte.

Auf der anderen Seite machen die unteren und mittleren Schichten genau das Gegenteil. Sie meiden oft Investitionen, weil sie ihre

Gehaltsschecks nicht sofort ausgeben können, um die Freude daran zu genießen. Sie passen sich dem Materialismus an und all ihre Ersparnisse werden für verschiedene (und meist unnötige) Einkäufe verwendet, die eine sofortige Befriedigung bringen.

Zum Beispiel, sagen wir zwei Personen, von denen eine eine bürgerliche und die andere eine wohlhabende Denkweise hat, beide gewinnen 70.000 $ aus einem Wettbewerb. Die Mittelklasse wird sofort damit beginnen, den Markt für ein nagelneues Luxusauto zu kaufen, während die wohlhabende Denkweise sofort nach einer Investitionsmöglichkeit sucht.

Der Mittelstand findet ein schönes Luxusauto, während der andere eine schöne und sichere Investition findet. Dieses schöne Auto wird 8 Jahre lang jährlich 15% abgeschrieben, während die schöne Investition 8 Jahre lang jährlich 10% generiert. Am Ende der 8 Jahre ist das Auto 17.349 Dollar wert, während die Investition 128.616 Dollar wert ist. Dies ist ein sehr praktisches Beispiel dafür, warum und wie die Reichen reicher werden.

Arm zu sein hat nichts damit zu tun, dass jemand anders reich ist. Wir alle können finanziell unabhängig sein und früh in Rente gehen, wenn wir die richtige Einstellung und die richtigen Fähigkeiten entwickeln und sie dann in die Tat umsetzen.

Ihr Geld für Sie arbeiten lassen

Der Hauptgedanke hinter dem Investieren ist es, mit Ihrem Geld mehr Geld zu verdienen. Obwohl dies als Idee einfach klingt, ist sie nicht so leicht umzusetzen. Dies wird näher erläutert, wenn wir über häufige Anfängerfehler und die Rolle von Emotionen bei der Investition sprechen.

Sparen, geschweige denn investieren, ist für die meisten Menschen schon schwer genug. Sie können Teile Ihres Gehaltsschecks für einige kurzfristige Ziele, wie einen Urlaub oder ein Auto, viel leichter sparen, weil es eine greifbare Belohnung als Ziel gibt. Um das Investieren zu erleichtern, müssen Sie die Wertschätzung dafür entwickeln, dass Ihr Geld mehr Wohlstand erzeugt und Sie zu finanzieller Unabhängigkeit führt.

Ein Konzept, das mich für Investitionen begeistert, ist die Idee, dass ich ständig Geld verdienen kann, unabhängig davon, ob ich arbeite oder nicht. Da ich ursprünglich aus einem Angestelltenverhältnis komme, habe ich immer meine Zeit gegen mein Geld eingetauscht. Ich arbeite 40 Stunden pro Woche und werde bezahlt. Wenn Sie diese Stunden nicht investieren, bezahlt Sie niemand. Bei einer Investition müssen Sie jedoch keine Stunden gegen Geld eintauschen. Selbst wenn Sie am Strand liegen und einen schönen sonnigen Tag genießen, können Sie Geld verdienen.

Sie sitzen jeden Tag bei der Arbeit und verdienen Geld für Ihren Arbeitgeber. Am Anfang oder am Ende jedes Monats erhalten Sie einen Gehaltsscheck, der es Ihnen ermöglicht, für sich und Ihre Familie zu sorgen und einige kurzfristige Ziele zu erfüllen, die Sie vielleicht haben. Sie haben jedoch auch einige langfristige Ziele, die Sie gerne vor Ihrer Pensionierung erfüllen würden.

Sie haben zwei Möglichkeiten: Sie können entweder Ihre Ausgabengewohnheiten beibehalten oder Sie können diesen Betrag investieren und zusehen, wie er Ihnen noch mehr Geld einbringt. Ich will damit nicht sagen, dass Sie sich die Freuden des Lebens vorenthalten müssen. Selbst wenn das Geld knapp ist oder Sie ein großer Verschwender sind, können Sie mit einem kleinen Betrag anfangen zu investieren. Sie brauchen nicht Tausende von Dollars zu haben, um anzufangen. Schon ein Teil Ihres Gehalts kann Ihnen helfen, mit genügend Zeit enorme Summen zu verdienen.

Daher erweist sich die Investition für jeden Einzelnen als eine fantastische Wahl. Wenn Sie Ihr Geld für sich arbeiten lassen, kann sich Ihre Ersparnisse um ein Vielfaches verdoppeln. In diesem Zeitalter ist die Investition die einzige zuverlässige Möglichkeit, Ihr Vermögen zu vermehren.

Ihr Gehaltsscheck hat viel Potenzial, und er kann Sie viel weiter bringen, als Sie vielleicht denken. Wenn Sie jeden Monat einen kleinen Prozentsatz Ihres Gehaltsschecks beiseite legen und diesen investieren, können Sie Ihre zukünftigen Ziele erreichen, ohne Ihren derzeitigen Lebensstil zu belasten. Und das Beste daran ist, dass Sie mit dem Geld, das Sie investieren, ständig mehr Geld verdienen werden. Ob Sie nun schlafen, essen, feiern oder Zeit mit Ihren Lieben verbringen - Sie werden von Jahr zu Jahr reicher.

Eine Frage, die Sie vielleicht haben, ist, was mit Marktcrashs geschieht. Wie können Sie reicher werden, wenn der Markt nach unten geht?

Obwohl ich in diesem Buch nicht ins Detail gehen werde, können Marktcrashs tatsächlich ein Segen sein. Sie bieten dem intelligenten Anleger große Kaufgelegenheiten, weil auf sie schließlich immer eine Erholung folgt, die den Markt zu neuen Höhen führt. Diese sind als Bären- bzw. Bullenmärkte bekannt.

Man muss nicht ein Multimillionen-Dollar-Geschäft oder Immobilien auf der ganzen Welt haben, um wohlhabend zu sein. Es ist möglich, einen Teil Ihrer Ersparnisse und Gehaltsschecks zu investieren und mit der Zeit unglaubliche Ergebnisse zu erzielen.

Außerdem erfordert das Investieren keine spezifischen Kenntnisse, die man nur an einer Top-Business-Schule erlernen kann. Wenn man einfach die Grundlagen anwendet, kann jeder einen großen Erfolg haben.

Die Gefahr der Inflation

Viele Menschen glauben, dass die Aufbewahrung ihrer Ersparnisse in der Bank ihr Kapital sicher halten wird. In der heutigen Zeit sind die Sparquoten jedoch niedrig und die Gewinne sind geringer als früher. Sie vergessen auch die erodierende Kraft der Inflation oder wissen einfach nicht mehr, was das ist.

Ein Sparkonto eignet sich am besten für kurzfristige Ziele und Notfallfonds. Falls Sie es nicht wissen, ein Notfallfonds ist Geld, das Sie für den Fall eines Regentages beiseite legen. Er sollte etwa sechs Monatsgehälter Ihres Gehaltsschecks enthalten, falls Sie in einer Notlage wie etwa einer Entlassung oder einem anderen Umstand, aufgrund dessen Sie für einige Zeit nicht arbeiten können, entlassen werden.

Falls Sie nicht wissen, was Inflation ist, ist es die Abnahme des Kaufwertes des Geldes. Vor 40 Jahren konnten Sie zum Beispiel einen Big Mac bei McDonald's für 0,75 Dollar kaufen, heute kostet der gleiche Burger nicht weniger als 5,00 Dollar. Sind ihre Kosten gestiegen? Wahrscheinlich schon. Aber das würde eine Preiserhöhung von über 6x nicht rechtfertigen. Der Grund für diese Preiserhöhung ist auf die Inflation zurückzuführen. Da Geld ständig von der Regierung gedruckt wird, gibt es jedes Jahr ein größeres Angebot, so dass der Wert des Geldes sinkt.

Es ist wichtig, sich daran zu erinnern, dass die Inflation immer am Werk ist. Sie untergräbt Ihre

Ersparnisse und lässt Ihr Geld allmählich an Wert verlieren. Wenn Sie es auf Ihrem Bankkonto mit einem Zinssatz von weniger als 3 % halten, was der durchschnittlichen Inflationsrate zum Zeitpunkt des Verfassens dieses Artikels entspricht, werden Sie Geld verlieren.

Wenn Sie Ihr Geld nicht nur sparen, sondern auch anlegen, wird es unter einer "Investitionsdecke" gesichert, die die Inflation besiegt. Wenn Sie einmal verstanden haben, dass Sie jedes Jahr Geld verlieren, wenn Sie nur sparen, wird die Notwendigkeit zu investieren viel offensichtlicher. Die Wohlhabenden verstehen das sehr gut.

Sie werden ihr Geld nur dann in einer Bank aufbewahren, wenn sie keine wertvolle Investition gefunden haben. Bis dahin üben sie sich in Geduld, und sobald sich eine Gelegenheit ergibt, nehmen sie das Geld schnell heraus und legen es an.[1][2]

---

[1] http://dollarsandsense.my/why-most-rich-people-dont-have-much-cash-in-their-bank-accounts/
[2] https://www.thebalance.com/how-does-inflation-affect-bank-accounts-315771

In sich selbst investieren

Die bei weitem wichtigste Investition, die Sie tätigen könnten, ist die in Sie selbst, und ich gratuliere Ihnen, dass Sie diesen Schritt mit der Lektüre dieses Buches gemacht haben.

Die Eröffnung eines Unternehmens ist keine wertvolle Investition, wenn Sie nicht wissen, wie Sie es führen sollen. Ebenso bedeutet die Investition in Aktien, Anleihen, Immobilien und andere Finanzinstrumente nicht, dass Sie Erfolg haben werden - es sei denn, Sie wissen, was Sie tun.

Bevor Sie also versuchen, Ihr Vermögen anzuhäufen, denken Sie über Ihr Leben nach. Schauen Sie, was Ihre guten und schlechten Eigenschaften sind, was Sie erreichen können, wie viel Stress Sie bewältigen können und so weiter. Die meisten Menschen denken, dass es ausreichen sollte, etwas zu wollen - dass das Universum es ihnen einfach gibt, weil sie es verdienen.

Und die meisten Menschen verdienen es, genug Geld zu haben, so dass sie nie darüber nachdenken müssen. Dennoch ist es nicht so einfach, wie es scheint. Erfolgreiche Investoren sind nicht einfach eines Tages als Millionäre aufgewacht oder haben ein paar Aktien gekauft und sind in ein paar Wochen reich geworden. Sie haben Arbeit investiert, sie haben studiert und ihre Fähigkeiten entwickelt. Sie versuchten, die Besten in ihren jeweiligen Bereichen zu sein, in dem Wissen, dass sich die Risiken und der Aufwand auszahlen würden. Das gilt nicht nur für das Investieren, sondern für das Leben im Allgemeinen. Um dorthin zu gelangen, wo man hin will, muss man sich an die Arbeit machen.

Wenn Sie sich selbst, Ihre Fähigkeiten und Ihre Lernbereitschaft verbessern, werden Sie auch die Fähigkeit entwickeln, Ihr Vermögen zu vermehren.

Die wichtigsten Punkte

- Erst investieren, dann ausgeben. Entwickeln Sie eine "wohlhabende Denkweise".
- Lassen Sie Geld für sich arbeiten, anstatt nur für Geld zu arbeiten.
- Die Inflation untergräbt Ihre Ersparnisse.
- Die wichtigste Investition ist die in Sie selbst.

Kapitel 2: Die Kraft des Compounding

Wachstum des Wohlstands: langsam aber sicher vs. über Nacht

Wir alle möchten über Nacht Millionäre werden. Wir wollen, dass es wie ein Lotteriegewinn ist: Man kauft ein Los, und plötzlich ist man reich. Man denkt an den nächsten Übersee und plötzlich verdient man Millionen.

Aber die Chancen, dass das passiert, sind ziemlich gering. Außerdem sollte es nicht Ihr Ziel sein, Ihren Reichtum über Nacht zu vermehren. Wenn wir auf das Beispiel der Lotterie zurückkommen, so neigen die meisten Lotteriegewinner dazu, innerhalb weniger Jahre nach dem Gewinn pleite und in einem Haufen Schulden zu enden, weil sie das Spiel des Geldes nicht verstehen.

Rom wurde nicht an einem Tag erbaut. Genauso wenig kann man am Anfang mit einem unglaublichen Geldregen rechnen. Wie wir bei der Compounding-Methode lernen werden, sind die Erträge aus Ihren Investitionen am Anfang typischerweise unterdurchschnittlich im Vergleich zu dem Kapital, das Sie einbringen. Wir werden jedoch auch lernen, dass die Erträge mit genügend Zeit überwältigend sein können.

Besonders wenn es um Investitionen geht, ist es entscheidend, sich Zeit zu nehmen und über Ihre Optionen nachzudenken. Die erfolgreichsten Investoren sind diejenigen, die Investitionsstrategien über einen längeren Zeitraum hinweg eingesetzt haben. Sie haben nicht versucht, dies über Nacht zu tun. Stattdessen haben sie zuerst in sich selbst, in ihr Wissen und ihre Fähigkeiten investiert. Danach nahmen sie ihr Geld und investierten es in intelligente Anlagen.

Auch wenn Investitionen mit einer gewissen Unsicherheit behaftet sein können, gibt es Möglichkeiten, damit umzugehen. Ihr Verstand und Ihr Wissen sollten Ihre größten Stärken sein. Und mit der Zeit wird Ihnen Ihre Investitionserfahrung helfen, bessere Entscheidungen zu treffen. Ein sehr wichtiger Tipp, den Sie sich merken sollten, ist, nur mit dem zu investieren, was Sie sich leisten können. Investieren Sie nicht mit Krediten, mit den College-Geldern Ihrer Kinder oder mit Kapital, das Sie sich nicht leisten können, zu verlieren. Wie wir in späteren Kapiteln erfahren werden, ist es ebenso wichtig, Ihre Emotionen im Zaum zu halten wie der Wissensaspekt der Investition. Und wenn Sie mit dem Geld, das Sie investieren, emotional verbunden sind, ist die Wahrscheinlichkeit eines Scheiterns viel größer.

Es ist sehr wichtig, frühzeitig mit dem Sparen und Investieren zu beginnen, aber es ist ebenso wichtig, keine Investitionen zu überstürzen. Wenn Sie mehr über den Markt erfahren, an dem Sie interessiert sind, und das Gefühl haben, die besten potenziellen Investitionen analysiert zu haben, sollten Sie erst dann eine Investition in Erwägung ziehen.

Während dieses Prozesses sollten Sie sich in Geduld üben. Es ist immer besser, langsam anzufangen und große Verluste zu vermeiden, als alles für etwas zu riskieren, sich zu verbrennen und eine Angst vor Investitionen zu entwickeln.

Compounding: Wie Sie Ihr Vermögen erfolgreich vermehren

Compounding ist ein Phänomen, das Ihr Vermögen exponentiell wachsen lassen kann. Es erfordert nicht, dass Sie darüber zu viel nachdenken. Ihre Aufgabe ist es, eine erste Investition zu tätigen - Sie legen Ihren Kapitalbetrag in etwas, an das Sie glauben, und lassen die Zeit die Arbeit für Sie erledigen.

Albert Einstein erwähnte einmal, dass der Zinseszins das achte Weltwunder ist. Wer ihn versteht, wird ihn auch verdienen können. Andernfalls müsste er ihn bezahlen. Das geht darauf zurück, dass die Reichen Geld für sich arbeiten lassen, während die anderen für Geld arbeiten. Mit anderen Worten, das Compounding kann entweder für Sie arbeiten, indem Sie mit Ihren Investitionen Reichtum erzeugen, oder sie kann Ihren Reichtum durch Schulden erschöpfen.

Wenn Sie vor die Wahl gestellt werden, entweder eine Million Dollar zu nehmen oder einen Penny zu nehmen und ihn jeden Tag zu verdoppeln, was würden Sie nehmen? Eine weitere Wendung, die wir hinzufügen können, ist, dass Sie Ihre Meinung vor dem 9. Tag ändern können, wenn Sie den Weg der Penny-Verdopplung wählen. Über 90 % der Menschen wählen die Million Dollar, weil sie die Macht der Verdoppelung nicht verstehen. Die Wahl der Verdoppelung des Pfennigs führt zu 5.368.709,12 Dollar gegenüber den 1.000.000 Dollar!

Nehmen wir an, Sie probieren die Penny-Methode 8 Tage lang aus. Am 8. Tag würden Sie endlich Ihren ersten Dollar verdienen, überwältigende 1,28 Dollar! Viele Menschen hier würden in Panik geraten, wenn sie denken, sie hätten die falsche Wahl getroffen und sich stattdessen für die Million entscheiden. Doch am 16. Tag sind diese 1,28 Dollar nun 327,68 Dollar; am 24. Tag sind es 83.886,08 Dollar und am 30. Tag 5.368.709,12 Dollar. Es ist wichtig zu verstehen, dass der Prozess langsam beginnt, aber wenn er erst einmal in Gang gekommen ist, sind die Ergebnisse erstaunlich. Das ist die Macht der Compounding im Spiel.

Auch wenn das Beispiel extrem ist, da Ihre Rendite 100% beträgt (Verdopplung) und sie sich täglich verdoppelt (tägliche Verdopplung), kann dieses Phänomen dennoch Wunder für Ihre Finanzen bewirken. Mit anderen Worten, die Aufzinsung hilft zu erklären, warum Investitionen so mächtig und notwendig sind.

Andererseits sind Zinseszinsen Ihr schlimmster Feind, wenn Sie einen erheblichen Betrag an Schulden haben. Aus diesem Grund haben viele Menschen immer noch Schwierigkeiten, ihre Kreditkartenrechnungen zu bezahlen, was leicht ihre Kreditwürdigkeit ruinieren kann. Es gelten die gleichen Prinzipien des Zinseszinses, aber er wirkt jetzt gegen Sie.

Wenn Sie Ihre Kreditkartenrechnung erhalten, ist es von entscheidender Bedeutung, dass Sie diese so schnell wie möglich vollständig begleichen. Andernfalls könnten sich die Zinsen summieren, und am Ende müssen Sie einen viel größeren Betrag als den ursprünglich vorgesehenen zahlen.

Bei großen Anschaffungen wie Hypotheken und Autos können Sie diese jedoch in der Regel nicht sofort abbezahlen. Um eine Aufzinsung zu vermeiden, sollten Sie jeden Monat so viel wie möglich über die bloße Mindestrate hinaus zahlen. Die Tilgung von Schulden kann als eine Form der Investition betrachtet werden, die einen garantierten Zinssatz hat, der bei anderen Investitionen oft nur sehr schwer zu versprechen ist. Anstatt positive Dollar zu generieren (Standardinvestitionen), eliminieren Sie die Generierung negativer Dollar (Schulden). Der Nettoeffekt auf Ihr Vermögen ist genau derselbe.

Für einen Anfänger, der neu in der Anlagebranche ist, ist dies eine meiner ersten Empfehlungen. Sicher, Sie können am Anfang einige sichere kleine Investitionen tätigen, aber das meiste Kapital zur Tilgung Ihrer Schulden einsetzen. Es ist wichtig zu beachten, dass dies auch vom Zinssatz Ihrer Schulden abhängt. Wenn Sie zum Beispiel Kreditkartenschulden mit 20% Zinsen haben, ist es wichtig, diese sofort zu tilgen. Dasselbe gilt für andere Schulden mit hohen Zinsen. Denn es ist unwahrscheinlich, dass Sie eine Investition finden, die eine Rendite in der gleichen Größenordnung garantiert.

Es ist wichtig, sich zu fragen, ob eine garantierte Investition mit dem gleichen Zinssatz gefunden werden kann. Als Anfänger kann es schwierig sein, dies abzuschätzen, aber als allgemeine Faustregel würde ich empfehlen, Schulden mit einem Zinssatz von über 6% so schnell wie möglich zu tilgen.

Wenn man die Aufzinsung versteht und lernt, wie man investiert, kann man leicht mit viel mehr in Rente gehen, als man für möglich gehalten hätte. Damit das Compounding jedoch funktioniert, muss man dieses Geld investiert halten. Sie können nicht ein Jahr lang eine anständige Rendite erzielen und dann beschließen, einen neuen Fernseher mit den verdienten Zinsen zu kaufen, weil Sie dann den gesamten Aufzinsungsprozess neu beginnen müssten.

Betrachten wir ein Beispiel am Aktienmarkt, wo wir unsere Erträge investiert halten. Sie haben 10.000 Dollar, die Sie investieren können, und beschließen, sie an der Börse anzulegen. Sie sind in der Lage, jedes Jahr eine Rendite von 10% zu erzielen.

Am Ende von Jahr 1 haben Sie 11.000 Dollar. Sie reinvestieren den Gewinn von 1.000 Dollar. Im nächsten Jahr haben Sie 12.100 Dollar.
Nun stellen Sie sich vor, Sie fangen in Ihren 20er Jahren an, so zu investieren und zu reinvestieren. Ihr Hauptziel ist es, mit 65 Jahren in den Ruhestand zu gehen, und wenn Sie mit 25 Jahren beginnen, haben Sie 40 Jahre Zeit, Ihr Vermögen zu verdienen.

Wenn Sie die Gewinne einsammeln und nicht reinvestieren, werden Sie nach vierzig Jahren insgesamt nur 50.000 Dollar verdient haben. Wenn Sie jedoch nach vierzig Jahren kontinuierlich reinvestieren, beträgt Ihr Endguthaben 452.592,56 Dollar! Beachten Sie, dass nur die anfänglichen 10.000 Dollar investiert werden und nicht mehr zum anfänglichen Kapitalbetrag aus Ihrer eigenen Tasche hinzugefügt wird. Wenn Sie diese Zahlen sehen, wird es allmählich klar, wie die Reichen der Mittel- und Unterschicht so viel mehr voraus sind.

Was wäre nun, wenn Sie stattdessen im Alter von 20 oder 30 Jahren begonnen hätten? Wenn Sie im Alter von 20 Jahren investiert hätten, hätten Sie 728.904,84 Dollar! Ab dem Alter von 30 Jahren hätten Sie 281.024,37 Dollar! Deshalb ist es so wichtig, so früh wie möglich zu beginnen.

Wie Sie das Compounding erfolgreich zu Ihrem Vorteil einsetzen können

Wenn es darum geht, sich zu verschlimmern, haben die meisten Menschen nicht die Geduld, investiert zu bleiben und abzuwarten. Sie sind in der Denkweise, so schnell wie möglich viel Geld zu verdienen. Wie bereits erwähnt, ist es jedoch wichtig, die Disziplin zu entwickeln, so viel von Ihrem investierten Geld zu behalten, wie Sie können, und nicht auf diese Gelder zuzugreifen, es sei denn, es gibt einen Notfall (und Ihr Notfallfonds geht zur Neige) oder Sie haben das Gefühl, dass Sie genug haben, um sich bequem zurückzuziehen. So können Sie das Potenzial des Compounding voll ausschöpfen.

Um die Vorteile weiter zu veranschaulichen, werde ich jedoch ein Beispiel aus dem wirklichen Leben verwenden.

Eine Frau namens Grace Groner begann in ihren Zwanzigern zu investieren. Nach dem College bekam sie eine Stelle als Sekretärin, die sie mehr als vier Jahrzehnte lang ausübte.

Ihr Gehalt war ein Durchschnittsgehalt. Um mehr Geld zu verdienen und ihren Reichtum zu vergrößern, kaufte sie deshalb drei Aktien des Unternehmens, in dem sie arbeitete. Sie lagen bei etwa 60 Dollar pro Aktie, was ihre Investition auf etwa 180 Dollar beläuft.

Grace Groner hat ihre Aktien nie verkauft. Stattdessen behielt sie sie 75 Jahre lang und kassierte die Dividenden (Eine Dividende ist ein Geldbetrag, der aus den Gewinnen des Unternehmens an die Aktionäre gezahlt wird. Mit jeder Aktie ist eine Dividende verbunden. Allerdings zahlen nicht alle Unternehmen eine Dividende). Darüber hinaus investierte sie diese Dividenden dann kontinuierlich wieder, und als sie starb, war ihre Gesamtinvestition 7 Millionen Dollar wert.

Es ist wichtig, sich daran zu erinnern, dass das fragliche Unternehmen über die Jahre hinweg ein ziemlich stetiges Wachstum verzeichnete. Sie wuchsen jedes Jahr um 14,97%, was die ursprünglichen Aktienkurse zu einem echten Schnäppchen macht. Doch Grace wusste das wahrscheinlich nicht - sie glaubte einfach an langfristige Investitionen.[3]

Schlüsselpunkte:

- Seien Sie realistisch mit Ihren Ergebnissen. Man kann nicht über Nacht reich werden.
- Das Compounding braucht Zeit, aber die Ergebnisse machen es sehr lohnend.
- Das Compounding funktioniert entweder für oder gegen Sie. Sie haben die Macht, dies zu kontrollieren.

---

[3] http://www.investinganswers.com/education/time-value-money/how-one-normal-lady-turned-200-7-million-3874

Kapitel 3: Wichtige Grundsätze des Investierens

Investieren vs. Spekulieren

Sie haben vielleicht schon gehört, dass einige Leute diese Begriffe als Synonyme verwenden. Es gibt jedoch einen wichtigen Unterschied zwischen Investoren und Spekulanten.

Zunächst einmal haben Investoren wie Warren Buffett ihr gesamtes Geschäftsimperium allein durch Investitionen aufgebaut. Sie nutzen die Fundamentalanalyse, um zu entscheiden, ob sie ihr Geld in eine bestimmte Investition investieren sollten.

Das bedeutet, dass sie das Potenzial der Investition sowie die Risiken, die sie eingehen könnten, prüfen müssen. Bei der Bewertung eines Unternehmens sind zum Beispiel seine Finanzkraft und sein Management entscheidende Faktoren, aber man muss auch die Konkurrenz, den Zustand der jeweiligen Branche und mögliche makroökonomische Faktoren berücksichtigen. Machen Sie sich über all dies im

Moment keine Sorgen. Dies wird nur erwähnt, um zu zeigen, dass es nicht so einfach ist, auf ein paar Knöpfe zu klicken.

Wir könnten dies eher als Investieren bezeichnen, als dass wir spekulieren, weil es nicht um schnelle, spekulative kurzfristige Bewegungen geht. Im Gegensatz zu Spekulanten gedeihen Investoren, wenn sie eine Investition finden, die sich in der Zukunft auszahlen wird. So haben sie die Möglichkeit, ihre Investitionen für eine lange Zeit, manchmal sogar für Jahrzehnte, zu halten. Durch die fundamentale Analyse wissen sie, dass es sich auszahlen wird, anstatt zu hoffen, dass es sich auszahlen wird.

Wenn es um Spekulanten geht, sieht die Sache etwas anders aus. Normalerweise sehen wir Spekulanten in jeder Art von Markt. Sie entscheiden sich für kurzfristige Marktbewegungen, in der Hoffnung, dass ihre Investitionen an Wert gewinnen, anstatt eine Fundamentalanalyse durchzuführen, und in dem Wissen, dass ihre Investitionen an Wert gewinnen. Das Ziel ist in der Regel ein schneller Gewinn durch Kauf und Verkauf in kurzer Zeit.

Es ist unnötig zu sagen, dass dies eine weitaus riskantere Strategie ist. Spekulation mag gelegentlich funktionieren, aber langfristig ist sie nicht tragfähig. Denken Sie daran, dass Investieren kein Glücksspiel ist. Es soll langsam und beständig sein.

Laut Benjamin Graham, von dem Warren Buffett zum ersten Mal von Investitionen erfuhr, "ist eine Investition eine Investition, die nach einer gründlichen Analyse die Sicherheit des Kapitals und eine zufriedenstellende Rendite verspricht. Operationen, die diese Anforderungen nicht erfüllen, sind spekulativ."

Prinzipieller Schutz

Das Kapital ist der ursprüngliche Betrag, den Sie in eine Anlage investiert haben. Alles darüber hinausgehende zählt als Ertrag.

Warren Buffett ist nicht reich geblieben, nur weil das Leben es so wollte. Er hat sein Vermögen mit zwei Regeln erhalten: "Regel Nr. 1: Nie Geld verlieren. Regel Nr. 2: Nie Geld verlieren: Vergiss nie Regel Nr. 1".

Das mag einfach und offensichtlich klingen, ist aber in der Praxis nicht so leicht umzusetzen. Wenn es um Investitionen geht, insbesondere am Anfang, ist es wichtig, nicht ertragsgierig zu werden und seinerseits das eigene Kapital zu gefährden. Es ist viel einfacher, Geld zu verlieren als zu verdienen, wenn man nicht vorsichtig ist.

Ich vergleiche diese Idee gerne mit Bewegung und Ernährung. Nehmen wir an, Sie gehen ins Fitnessstudio und trainieren 2 Stunden lang mit voller Intensität. Sie laufen auf dem Laufband für zermürbende 40 Minuten und machen weitere 80 Minuten Gewichtheben. Am Ende davon sind Sie erschöpft. Jetzt gehen Sie nach Hause und sind bereit, eine wohlverdiente Mahlzeit einzunehmen. Wenn Sie sich jedoch für ein paar Cheeseburger entscheiden, die Sie innerhalb von 10-15 Minuten essen können, dann geht ein Großteil der harten Arbeit, die Sie 2 Stunden lang im Fitnessstudio geleistet haben, den Bach runter.

Vergleicht man dies mit einer Investition, nehmen wir an, Sie kaufen zu Beginn des Jahres eine Immobilie, deren Preis bis zum Ende des Jahres um 20% steigt, und Sie beschließen, zu verkaufen. Nun nehmen Sie dieses Geld und beschließen, es in eine Aktie zu investieren. Diese Aktie ist aufgrund der unsicheren Aussichten der Branche riskant, aber sie bietet die Chance auf bedeutende Renditen. Ein paar Wochen später kommen einige schlechte Nachrichten über die gesamte Branche heraus, und Ihre Aktie geht um 40% zurück. Jetzt sind die Gewinne, die ein ganzes Jahr lang erzielt wurden, zusammen mit einigen Ihrer Kapitalgeber verschwunden. Alles innerhalb weniger Wochen.

Investieren Sie in das, was Sie wissen

Wenn Sie Ihr ganzes Leben lang mit Technologie gearbeitet haben, dann investieren Sie in technologiebezogene Unternehmen. Wenn Sie im Baugewerbe tätig sind und viel mit Häusern oder Gewerbeimmobilien zu tun haben, dann investieren Sie in immobilienbezogene Investitionen. Wenn Sie das Gefühl haben, dass Sie in einem bestimmten Bereich nicht genug Wissen haben, dann sollten Sie sich vor einer Investition ausführlich darüber informieren.

Warren Buffett definiert Risiko als "nicht zu wissen, was man tut". Daher ist es am offensichtlichsten, das Risiko zu begrenzen, wenn Sie so viel wie möglich über Ihre Investition wissen.

Machen Sie Ihre Hausaufgaben

Es gibt keine magische Investition, mit der man automatisch viel Geld verdienen kann, ohne dass man dafür Arbeit investieren muss. Es gibt einige Investitionen, die nur minimale Arbeit erfordern, wie wir später erfahren werden, aber selbst dann muss ein Minimum an Forschung betrieben werden.

Für jede Investition, die Sie tätigen, müssen Sie zumindest ein paar grundlegende Gründe haben, die Ihnen helfen, auch bei kurzfristiger Volatilität dabei zu bleiben. Je mehr Gründe Sie für Ihre Investition sammeln können, desto einfacher ist es, langfristig dabei zu bleiben.

Seien Sie geduldig und wählen Sie Ihre Investitionen sorgfältig aus

Ich habe Ihnen bereits gezeigt, wie leistungsfähig das Compounding ist. Damit es aber funktioniert, müssen Sie lernen, Geduld zu haben.

Die Kraft der Geduld ist ein wesentliches Werkzeug, wenn es um Investitionen geht. Ihre Investitionen werden sich nicht auszahlen, wenn Sie sich ständig darüber ärgern. Verkaufen und kaufen, wenn der Markt fällt bzw. sich gut entwickelt, wird Ihnen nicht helfen, Ihr Vermögen anzuhäufen.

Die kurzfristige Performance sollte keine Auswirkungen auf Ihre Anlageentscheidungen haben. Die meisten Menschen geraten in Panik, wenn etwas nicht sofort so läuft, wie sie es erwartet haben. Solange sich der grundlegende Grund für Ihre Investition nicht geändert hat, besteht kein Grund zur Panik.

Wenn Sie die richtige Analyse durchgeführt haben und Ihre Investition kennen, dann müssen Sie nur Geduld haben und auf die Ergebnisse warten. Wie man sagt, gewinnt man langsam und stetig das Rennen.

Viele Menschen verbinden Aktivität mit Erfolg. Wenn Sie nicht ständig investieren, dann fallen Sie zurück. Investieren bedeutet eigentlich gar nicht viel Aktivität. Sie sollten nicht in jede Gelegenheit investieren, die sich Ihnen bietet. Es ist wichtig, jede Gelegenheit kritisch zu betrachten. Wenn Sie sich an eine Reihe von Kriterien und bestimmte Standards halten, sollten sich nur wenige Investitionen lohnen.

Die Opportunitätskosten sind ein wichtiges zu verstehendes Konzept, das dazu beiträgt, die Anzahl der von Ihnen getätigten Investitionen zu begrenzen. Jede Investitionsentscheidung, die Sie treffen, ist mit Opportunitätskosten verbunden. Vereinfacht ausgedrückt sind es die Kosten einer verpassten Gelegenheit. Wenn Sie in etwas investieren, bedeutet das, dass Sie eine Investition in etwas anderes aufgeben. Deshalb müssen Sie sicher sein, dass das, in was Sie investieren, besser ist als alle anderen möglichen Entscheidungen. Sie müssen also nicht nur sicherstellen, dass Ihre Investition für sich allein genommen ausgezeichnet ist, sondern auch, dass sie besser ist als die anderen potenziellen Optionen.

Auf der anderen Seite ist es jedoch wichtig, nicht zu streng zu sein und jede Gelegenheit, die sich Ihnen bietet, zu verpassen, nur weil Sie das Gefühl haben, dass es vielleicht eine bessere Gelegenheit gibt. Die meisten davon sollten Sie jedoch ablehnen. Aber wenn Sie endlich eine Gelegenheit finden, die Ihren strengen Standards entspricht und besser ist als die anderen verfügbaren Optionen, dann sollten Sie stark in diese Gelegenheit investieren.

Qualität vs. Billigkeit

Wenn es um Investitionen geht, wollen wir sicherstellen, dass wir Qualität zu einem fairen Preis bekommen. Eine Überbezahlung für hohe Qualität führt zu niedrigen Renditen, und eine

Unterbezahlung für schlechte Qualität könnte zu einem Verlust des Kapitals führen. Daher muss ein Gleichgewicht erreicht werden. Dazu bedarf es einer gründlichen Analyse und Erfahrung.

Ein häufiger Tipp für Anfänger, den ich oft höre, ist es, mit einer Investition in ein Unternehmen/Aktie zu beginnen, die man liebt. Höchstwahrscheinlich lieben Sie das Unternehmen, weil es großartige Produkte herstellt, was darauf hindeutet, dass es sich um ein Qualitätsunternehmen handelt, aber das bedeutet nicht, dass es einen fairen Preis hat. Obwohl dies besser ist als in spekulative Aktien zu investieren, gibt es normalerweise viel bessere Möglichkeiten.

Schlüsselpunkte:

- Denken Sie wie ein Investor, nicht wie ein Spieler.
- Regel Nr.1 ist, niemals Geld zu verlieren. Regel Nr. 2 ist, Regel Nr. 1 nie zu vergessen.
- Investieren Sie in das, was Sie wissen, und haben Sie solide Gründe dafür, warum Sie in eine bestimmte Anlage investieren, indem Sie die richtige Recherche durchführen.
- Wenn Sie sich einer Investition sicher sind, haben Sie Geduld und denken Sie langfristig.
- Hohe Aktivität bedeutet nicht gleich hohe Ergebnisse.
- Streben Sie nach hoher Qualität zu einem fairen Preis.

Gefällt Ihnen das Buch? Hinterlassen Sie eine Rezension und teilen Sie mir Ihre Gedanken mit!

Kapitel 4: Erkennen Sie sich selbst und Ihre Investition

Welche Art von Persönlichkeit haben Sie?

Für einen Anfänger kann dieses Kapitel verlockend sein, es nicht so ernst zu nehmen wie die anderen. Vielleicht denken Sie, dass Sie sich selbst kennen und Ihre Emotionen unter Kontrolle halten können. Es ist jedoch wichtig zu beachten, dass selbst die besten Investoren damit Schwierigkeiten haben können. Es ist eines der Dinge, die in der Theorie sehr leicht und einfach zu verstehen scheinen, in der Praxis aber schwer umzusetzen sind.

Zu Beginn mögen viele der technischen Aspekte des Investierens nicht sofort Sinn machen, aber die Psychologie und die Emotionen, die hinter dem Investieren stehen, sind etwas, das die meisten Menschen ziemlich leicht verstehen können. Schenken Sie diesem Kapitel daher große Aufmerksamkeit, denn wenn Sie dies verstehen und anwenden können, ist mehr als die Hälfte der Schlacht gewonnen.

Sie müssen Ihre Persönlichkeit in Betracht ziehen. Sind Sie ein typischer ängstlicher Mensch? Hassen Sie es, Entscheidungen zu treffen? Sind Sie anfällig für emotionale Reaktionen?

Wenn Sie eine dieser Fragen mit Ja beantworten, dann ist eine Investition vielleicht nicht die beste Option für Sie. Sie können sich jedoch jederzeit zum Besseren verändern. Angst ist etwas, das Ihre Anlagestrategie leicht ruinieren kann, aber sie kann Sie auch vorsichtiger als andere machen. Sie sind im Allgemeinen besser als die meisten anderen darin, sich über die Details zu informieren und sicherzustellen, dass alles an der Investition ausgezeichnet ist. Es kann jedoch schwierig sein, die Entscheidung zu treffen, weiterzumachen.

Wenn Sie andererseits eher dazu neigen, emotional zu sein, dann haben Sie vielleicht das Problem, dass Sie zu viel tun. Wie bereits erwähnt, ist es wichtig zu verstehen, dass mehr Aktivität nicht mehr Erfolg bei der Investition bedeutet. Es ist wichtig, strenge Kriterien aufzustellen, auf die Sie Ihre Investitionen stützen, und nur dann Entscheidungen zu treffen, wenn diese Kriterien erfüllt sind. Das hilft, die

Dinge mehr technisch und weniger emotional zu halten.

Entscheidungen zu treffen ist einer der wichtigsten Schritte bei Investitionen. Man muss alle Faktoren sorgfältig abwägen und zu einer Schlussfolgerung kommen, ob sich eine bestimmte Investition lohnt oder ob eine bestehende Investition verkauft werden sollte. Es kann stressig sein, und Sie sollten wissen, ob Sie damit umgehen können.

Können Sie so emotionslos wie möglich sein?

Gewinn oder Verlust von Geld wird in Ihnen eine Vielzahl von Emotionen auslösen. Sie können leicht ekstatisch oder wütend werden, und sowohl positive als auch negative Emotionen können Sie stark belasten.

Aus diesem Grund versuchen die meisten Anleger, so emotionslos wie möglich zu sein. Dies gilt besonders, wenn es sich um langfristige Investoren handelt.

Wenn Sie Investitionen, die Ihnen wichtig sind, über einen längeren Zeitraum halten, hilft Ihnen das, Ihren Stresspegel zu reduzieren. Sie haben Ihre Untersuchungen durchgeführt und festgestellt, dass es sich um eine wertvolle Investition handelt. Daher wissen Sie, dass alle kurzfristigen Kursschwankungen nur Lärm sind.

Emotionslosigkeit ist eine wertvolle Eigenschaft auf dem Anlagemarkt. Wenn Sie Ihre Gefühle beiseite lassen, werden Sie klares Denken fördern und bessere Entscheidungen treffen.

Hitzköpfige Anleger haben eine höhere Chance, ihr gesamtes Geld zu verlieren. Wer dagegen geduldig und ruhig ist, kann leicht feststellen, ob Kursschwankungen Aufmerksamkeit verdienen.

Beherrschen Sie Ihre Emotionen

Das ist leichter gesagt als getan, aber die Kontrolle Ihrer Emotionen ist ein entscheidender Teil der Investition. Die Märkte gehen jeden Tag auf und ab. Sie müssen in der Lage sein, ruhig und gelassen zu bleiben.

Selbst wenn die Preise seiner oder ihrer Investitionen sinken, wird ein emotionsloser und intelligenter Investor ruhig bleiben und sie ignorieren, solange der Wert der Investition und seine fundamentalen Gründe intakt bleiben.

Wenn Sie jedoch nicht in der Lage sind, Ihre Emotionen zu kontrollieren (und Sie erkennen und geben dies zu, was schwierig sein kann), dann ist eine passive Investition wie ein Indexfonds Ihre beste Option. Dies wird später noch näher erläutert.

Ihre Investition kennen

Obwohl dies bereits früher erwähnt wurde, ist es wichtig, es in diesem Kapitel noch einmal zu erwähnen, weil es einen so großen Einfluss auf den Umgang mit Emotionen hat.

Warren Buffett hat gesagt, dass Sie nur in Ihren Kompetenzbereich investieren sollten, den Sie kennen und mit dem Sie vertraut sind. Noch wichtiger ist, dass Sie erkennen müssen, was Sie nicht wissen, und entweder versuchen, es zu vermeiden oder mehr zu lernen, wenn Sie darin investieren wollen.

Kluge Investoren sind diejenigen, die erkennen, wann etwas Potenzial hat und wann nicht. Sie nutzen rationales Denken anstelle von Trends. Der Herde zu folgen ist keine gute Art, Geld zu verdienen und Reichtum anzuhäufen. Denken Sie daran, dass Sie sich vom Durchschnitt entfernen müssen, um überdurchschnittlich zu sein. Obwohl es emotional anstrengend sein kann, ist es die Auszahlung wert.

Wenn Sie in das investieren, was Sie kennen und starke fundamentale Gründe hinter jeder Investition haben, ist es viel einfacher, Ihre Emotionen im Zaum zu halten und logisch richtige Entscheidungen zu treffen.

Die wichtigsten Punkte

- Seien Sie brutal ehrlich zu sich selbst. Sind Sie ein emotionaler Mensch?
- Können Sie Ihre Emotionen kontrollieren?
- Das Wissen um Ihre Investitionen hilft Ihnen, Ihre Emotionen unter Kontrolle zu halten.
- Wenn Sie das Gefühl haben, dass Sie Ihre Emotionen nicht gut genug kontrollieren können, dann wird eine passive Anlagestrategie empfohlen.

Kapitel 5: Häufige Fehler von Anfängern

Es ist unvermeidlich, dass Sie auf Ihrer Investitionsreise Fehler machen, aber es ist wichtig, aus jedem Fehler zu lernen, zu verstehen, warum er passiert ist und was Sie hätten anders machen können. Selbst die erfolgreichsten Investoren haben in ihrer Karriere Fehler gemacht. Einige ihrer Fehler waren sogar so groß, dass sie ihr gesamtes Vermögen gekostet haben, aber sie hatten die nötige Widerstandskraft und mentale Stärke, um sich zu erholen. Eine noch bessere Methode als aus den eigenen Fehlern zu lernen, ist jedoch, aus den Fehlern anderer zu lernen. Deshalb habe ich einige häufige Fehler aufgeführt, die Anfänger in der Regel machen.

Spielermentalität

Wie ich in diesem Buch schon oft gepredigt habe, ist Investieren nicht dasselbe wie Glücksspiel und Spekulation. Die Idee ist nicht, über Nacht reich zu werden. Vielmehr soll man langsam und stetig reich werden. Vermeiden Sie alle Investitionen, die zu aufregend erscheinen oder Renditen bieten, die zu gut erscheinen, um wahr zu sein. Die Chancen stehen gut, dass sie es nicht sind. Wenn sich Investitionen als nicht so aufregend herausstellen, wie Sie dachten, stehen die Chancen gut, dass Sie es richtig machen.

Hoch kaufen, niedrig verkaufen

Anfänger haben zunächst nicht genug Erfahrung, um einen starken Preisrückgang rational zu handhaben. Daher beginnen sie oft mit Panikverkäufen, weil die Angst überhand nimmt.

Wir alle predigen gerne die Idee, niedrig zu kaufen und hoch zu verkaufen, aber meistens ist das Gegenteil der Fall. Aufgrund der Rolle, die Emotionen spielen, ist es schwierig, zu kaufen, wenn die Preise sinken, und leicht zu kaufen, wenn sie steigen. Ein großer Teil davon ist auf bestimmte Verzerrungen und Mustererkennungssysteme zurückzuführen, die wir in unserem Gehirn haben. Wenn zum Beispiel der Preis einer Aktie steigt, hat unser Gehirn das Gefühl, dass er weiter steigt. Dasselbe gilt für den Fall, dass der Preis sinkt.

Das bringt uns wieder dazu, emotionslos zu sein. Wenn Sie sich darin üben, Ihre Emotionen auszuschalten und stattdessen die Argumentation durch richtige Analyse und Forschung zu üben, werden Sie nie in einen Zustand der Panik geraten. Im Gegenteil, Sie werden sich freuen, wenn der Preis fällt, denn das bedeutet nur, dass Sie noch mehr zu einem noch niedrigeren Preis kaufen können.

Ihre Investition nicht verstehen

Ihr bester Freund gibt Ihnen einen Tipp über ein lokales Geschäft, das zum Verkauf steht. Der Besitzer geht in den Ruhestand und will es schnell verkaufen, also bietet er den Verkauf zu einem niedrigen Preis an. Sie haben dort noch nie eingekauft und wissen nicht viel darüber. Sie wissen aber, dass dort immer viel los ist und das Geschäft gut zu laufen scheint. Sollten Sie es kaufen? Wenn Sie genug recherchieren, um etwas über das Geschäft und seine Funktionsweise zu erfahren, dann vielleicht. Aber dann müssen Sie auch die finanziellen Daten des Unternehmens bestätigen und sehen, ob es wirklich solide Gewinne erzielt. Erst wenn Sie sich sicher sind, dass es funktioniert, anstatt zu hoffen, dass es funktioniert, sollten Sie investieren. Dieselbe Logik kann und sollte auf jede Investition angewendet werden, die Sie tätigen.

Nicht genug Forschung

Ich wiederhole dies noch einmal kurz. Gehen Sie niemals blind in eine Investition und hoffen Sie, dass etwas richtig läuft. Sie sollten darauf vertrauen, dass es gut geht. Das bedeutet nicht, dass Sie zu 100 % darauf vertrauen müssen, dass es klappen wird, aber die Wahrscheinlichkeit sollte in hohem Maße zu Ihren Gunsten sein.

Nicht vorausschauend planen

Einen Investitionsplan zu erstellen mag nicht aufregend klingen, aber es könnte Ihnen auf Ihrem Weg zur Frühverrentung erheblich helfen.

Genau wie bei Marketingplänen müssen Investitionspläne detailliert und auf Ihre eigenen Bedürfnisse zugeschnitten sein. Man kann nicht einfach sagen: "Ich will viel Geld verdienen."

Deshalb ist es wichtig, vor der Investition in eine Vielzahl von Finanzinstrumenten Ihre primären Ziele aufzulisten. Wie viel möchten Sie verdienen? Haben Sie Ihre bevorstehenden Investitionen durchdacht? Wie viel Risiko sind Sie bereit, einzugehen, und wie viel können Sie tatsächlich bewältigen? Wie sieht Ihr Zeithorizont aus? Listen Sie auf, was Sie erreichen wollen, und Sie werden sich leicht darauf konzentrieren können.

Unter Diversifizierung

Eine der wichtigsten Komponenten Ihrer Investitionskarriere sollte die Diversifizierung sein. Vereinfacht gesagt - legen Sie nicht alles auf eine Karte.

Zum Beispiel könnten Sie sich, was Aktien betrifft, speziell für Technologie interessieren. Wenn Sie jedoch die ganze Zeit in denselben Sektor investieren und wieder investieren, würde das bedeuten, dass Ihr gesamtes Vermögen in einem Bereich liegt. Wenn also im Technologiesektor etwas passiert, das die Preise nach unten treibt, würden Sie große Verluste erleiden.

Die Schaffung eines diversifizierten Portfolios sollte daher eines Ihrer Ziele sein. Es sollte eine gewisse Diversifizierung auf allen Ebenen Ihrer Anlageklassen geben (Aktien, Anleihen, Immobilien usw. sind alles verschiedene Anlageklassen). So sollten Sie in Ihrem Aktienportfolio beispielsweise einige wenige Aktien aus demselben Sektor sowie Aktien aus anderen Sektoren haben. Darüber hinaus könnten Sie sowohl in kleinere Unternehmen als auch in einige große Unternehmen investieren.

Ein weiteres Beispiel könnte der Immobilienbereich sein. Sie könnten verschiedene Arten von Immobilien wie einstöckige Häuser, Doppelhäuser, Wohnungen usw. kaufen. Sie könnten in Gewerbeimmobilien investieren oder sogar Immobilien in verschiedenen Städten kaufen.

Und schließlich sollten Sie versuchen, in viele verschiedene Anlageklassen zu investieren, über die wir im nächsten Kapitel sprechen werden. Die Entwicklung eines gründlichen Investitionsplans wird Ihnen dabei helfen, das Beste für Sie zu finden.

Über Diversifizierung

Es ist leicht, sich in der Diversifizierung zu verfangen. Es ist eines der Konzepte, von denen ich bei Investitionen am meisten höre. Es gibt jedoch einige Probleme mit der Diversifizierung. Eines davon ist, dass es schwierig wird, den Überblick über all Ihre Anlagen zu behalten, wenn Sie zu viele davon haben. Zweitens führt sie zu durchschnittlichen Renditen. Es ist sehr unwahrscheinlich, dass Sie das größte Vertrauen in alle Ihre Investitionen haben, daher werden viele von ihnen am Ende schlecht abschneiden, weil Sie nur um der Diversifizierung willen in sie investiert haben. Dies führt dazu, dass die Ergebnisse der Anlagen, die sich gut entwickelt haben (da Sie sie gründlich recherchiert haben), am Ende verwässert werden. Deshalb ist es wie bei allem anderen wichtig, ein Gleichgewicht in der Diversifikation zu finden. Investieren Sie in genügend verschiedene Anlagen, damit das Risiko verteilt wird, aber nicht auf Kosten Ihrer Erträge. Bei Aktien beispielsweise ist es mehr als genug, 15 bis 20 Aktien gleichzeitig zu besitzen.

Ungeduldig sein

Ihre Emotionen können zu einer Welle der Ungeduld führen, wenn Sie viele Menschen sehen, die in etwas investieren; Sie wollen es nicht verpassen. Vielleicht verkaufen Sie sogar eines Ihrer besten Investments, das kurzfristig nur eine schlechte Performance hat, aber irgendwann an Dynamik gewinnt. Als Nächstes ist die hochgehypte Anlage um 30 % gesunken, während die von Ihnen verkaufte Anlage jetzt um 20 % gestiegen ist.

Geduld ist eine Tugend, die Sie pflegen sollten. Langfristige Investitionen zahlen sich nach einiger Zeit aus und führen zu viel weniger Stress. Der Sprung von einer Investition zur nächsten ist ein deutliches Zeichen für einen ungeduldigen Investor.

Übertriebenes Selbstvertrauen

Ich sage nicht, dass Sie nicht an Ihre eigenen Investitionsfähigkeiten glauben sollten. Vertrauen ist unerlässlich, wenn Sie erfolgreich sein wollen. Dennoch gibt es etwas über übermäßiges Vertrauen zu sagen. Es kann uns erheblich behindern und unseren Verstand vernebeln. Man könnte meinen, dass eine bestimmte Investition Potenzial hat. Da Sie eine Erfolgsserie haben, sind Sie sich sicher, dass Sie auch in dieser Hinsicht Recht haben. Also beschließen Sie, nicht richtig zu recherchieren und trotzdem einfach zu investieren. Dies wird wahrscheinlich nicht zu einem guten Ergebnis führen. Vielleicht haben Sie Glück und bestimmte Investitionen funktionieren, aber wenn Sie es sich zur Gewohnheit machen, wird es Sie irgendwann einholen.

Mit Geld investieren, das Sie sich nicht leisten können, zu verlieren

Der einfachste Weg, Angst, Gier und andere negative Emotionen auf sich selbst zu ziehen, ist, mit Geld zu investieren, das man sich nicht leisten kann, zu verlieren. Sie sind emotional mit diesem Geld verbunden, was zu schlechten Entscheidungen führt, wie bereits erwähnt. Wenn Sie mit Geld investieren, das Sie nicht unbedingt brauchen, werden Sie viel entspannter sein und damit zu viel besseren Investitionsentscheidungen führen.

Kapitel 6: Wo soll man anfangen?

Worin können Sie investieren?

Wahrscheinlich haben Sie schon vor diesem Buch von Anlageklassen gehört. Die meisten Finanztitel sind gebündelt, und die Klassen basieren auf ihrer Ähnlichkeit.

Hier sind die fünf allgemeinen Klassen, in die die meisten Menschen investieren:

Aktien oder Anteile. Wenn Sie eine Aktie kaufen, kaufen Sie einen Teil dieses Unternehmens und werden so zum Aktionär.

Immobilien. Sie können entweder Wohn- oder Gewerbeimmobilien kaufen. Die meisten Fonds konzentrieren sich auf Gewerbeimmobilien, aber Sie können immer auch selbst Wohn- oder Gewerbeimmobilien kaufen. Bei der zweiten Option haben Sie viele verschiedene Möglichkeiten, wie z.B. umdrehen, reparieren und verkaufen, vermieten, usw. Die Eintrittsbarriere ist jedoch höher, da mehr Kapital benötigt wird.

Bargeld. Dazu gehören auch Barmitteläquivalente. Diese sind in der Regel recht ertragsschwach (z.B. Ihr Sparkonto) und sollten in der Regel nur kurzfristig eingesetzt werden.

Rohstoffe. Dazu gehören eine Vielzahl von Anlagen, wie z.B. Öl und Gas. Darüber hinaus können Sie auch in Edel- und Industriemetalle sowie in Agrarrohstoffe investieren. Diese werden ebenso wie Aktien stark von Angebot und Nachfrage beeinflusst.

Anleihen. Auch als festverzinsliche Wertpapiere bekannt. Die meisten von ihnen werden von der Regierung oder von Unternehmen ausgegeben, die Investoren benötigen, um sie zu finanzieren. Einfach ausgedrückt: Sie geben einen Kredit aus, der über eine von Ihnen gewählte Laufzeit zurückgezahlt wird und dessen Zinssatz vom Zeitrahmen, dem mit der Anleihe verbundenen Risiko und den von einem leitenden Organ wie der Federal Reserve festgelegten Zinssätzen abhängt. Sie bieten im Allgemeinen geringere Erträge, sind aber auch viel weniger risikoreich als andere Investitionen.

Was ist die beste Wahl für Einsteiger?

Inzwischen wissen Sie bereits, dass Investitionen nicht kompliziert sein müssen. Dennoch ist es entscheidend, dass man sich ständig weiterbildet und sich mit so viel Investitionsmaterial wie möglich vertraut macht. Für viele von Ihnen mag dies das erste Anlagebuch sein, das Sie in die Hand nehmen, aber es sollte nicht das letzte sein. Hoffentlich haben Sie sich ein gewisses Wissen über die Grundlagen des Investierens angeeignet, aber es gibt noch viel zu lernen, wenn Sie Ihr Potenzial voll ausschöpfen wollen.

Meiner Meinung nach ist die Investition in Aktien die beste Option für Sie, solange Sie einen ausreichend langen Zeithorizont haben (mindestens 10 Jahre). Sie bieten die besten Renditen als Gegenleistung für den geringen relativen Arbeitsaufwand, den sie im Vergleich zu anderen Investitionen erfordern. Darüber hinaus ist es nicht erforderlich, dass Sie für den Start eine große Menge an Kapital benötigen. Sie können leicht mit nur $1000 beginnen.

Sie können damit beginnen, dass Sie Ihre Lieblingsunternehmen sowie verschiedene

Unternehmen verfolgen, die in der Vergangenheit beständige Erträge und einen starken wirtschaftlichen Graben aufweisen. Tauchen Sie in die Investitionskultur ein. Sobald Sie mehr Wissen erlangt haben und in der Lage sind zu entscheiden, welches Unternehmen das beste für Sie ist, können Sie anfangen, Ihr Geld zu investieren.

Obwohl dieses Buch nicht im Detail darauf eingeht, wie man Aktien auswählt und Unternehmen bewertet, verfügen Sie über das grundlegende Wissen darüber, worauf Sie achten müssen und worauf Sie achten müssen. In der Zwischenzeit, während Sie lernen, beginnen Sie damit, in Indexfonds zu investieren, die nur minimale Nachforschung erfordern, da sie einen Korb von Unternehmen enthalten und den Markt verfolgen.

Ein Indexfonds ist im Grunde eine Sammlung von Aktien, die einem bestimmten Marktindex folgen. Zum Beispiel ist der S&P 500, der aus den 500 größten Unternehmen Amerikas auf der Grundlage der Marktkapitalisierung besteht, ein Marktindex. Wenn man davon spricht, den Markt zu schlagen, spricht man von einem bestimmten Index.

Wenn es um Aktien geht, will jeder den Markt schlagen, aber was viele nicht erkennen, ist, dass nur 50% der Leute den Markt schlagen können, weil es 50% geben muss, die es nicht tun. Wenn man also einfach die Renditen des Marktes verfolgt und sich ihnen anpasst, dann schlägt man automatisch 50% der Menschen, die den Markt schlagen können. Wenn man bedenkt, dass viele dieser Leute Profis an der Wall Street mit schicken Abschlüssen sind, ist es etwas, worauf man als Anfänger-Investor stolz sein kann.

Suchen Sie nach Indexfonds mit geringen Kosten, die damit verbunden sind. Ich empfehle Ihnen dringend, sich zunächst einmal die von Vanguard angebotenen Fonds anzusehen.

Wenn Sie glauben, dass die amerikanische Wirtschaft oder der Marktindex, in den Sie investieren, in Zukunft abstürzen wird, dann investieren Sie nicht in diesen Markt. Aber wenn Sie in einen Markt wie den S&P 500 investieren, investieren Sie in die amerikanische Wirtschaft, die wahrscheinlich nicht so bald in Konkurs gehen wird.

Denken Sie daran, dass Sie selbst bei einem Marktcrash die Möglichkeit haben, mehr zu einem noch günstigeren Preis zu kaufen. "Sei ängstlich, wenn andere gierig sind und gierig, wenn andere ängstlich sind." - Warren Buffett

Bevor Sie beginnen, über die Indexfonds hinaus zu investieren

Es gibt einfache Schritte, mit denen Sie sich auf die Investition vorbereiten können. Lesen Sie dieses Buch unbedingt noch einmal durch, bevor Sie beginnen, insbesondere die Abschnitte über die Grundlagen und die häufigsten Fehler:

Machen Sie einen Plan. Investieren Sie nie ohne einen richtigen Investitionsplan. Sie werden nicht nur schlechter abschneiden, sondern es könnte auch zu erheblichen Verlusten führen. Nehmen Sie sich deshalb Zeit und denken Sie wirklich darüber nach, was Sie erreichen wollen. Untersuchen Sie verschiedene Vermögenswerte und lernen Sie verschiedene Sektoren kennen. Schauen Sie sich an, in was Sie investieren möchten, und legen Sie dann Ihre langfristigen Ziele fest.

Diversifizieren Sie immer, aber übertreiben Sie es nicht. Ein kluger Anleger wird Chancen in verschiedenen Anlagesektoren erkennen. Nur weil Sie ein oder zwei Dinge über Technologie wissen, bedeutet das nicht unbedingt, dass Sie Ihr ganzes Geld dort investieren sollten. Diversifizierung ist der Schlüssel zum Aufbau eines ausgewogenen Portfolios. Achten Sie also darauf, dass Sie in eine Vielzahl von Aktien investieren (womit Sie wahrscheinlich beginnen werden) und dann auch in verschiedene Anlageklassen wechseln. Aber, wie bereits erwähnt, übertreiben Sie es nicht.

Investieren Sie immer langfristig. Wenn Sie die Gebühren und Steuern bei Aktien minimieren wollen, dann ist eine langfristige Anlage die beste Option. Im Allgemeinen sind Investitionen weit weniger stressig und bringen bessere Erträge. Vielleicht ist es nicht so spannend wie ein kurzfristiger Kauf oder Verkauf, aber denken Sie daran, dass es umso wahrscheinlicher ist, dass es funktioniert, je langweiliger die Investition ist.

Machen Sie die richtige Recherche und glauben Sie an Ihr Urteil. Wenn Sie sich richtig angestrengt und alle Details recherchiert haben, ist es unwahrscheinlich, dass Ihre Investitionen eine schlechte Performance haben. Die Märkte können recht volatil sein, aber mit der richtigen Recherche müssen Sie nicht jedes Mal in Panik geraten, wenn die Preise fallen.

Weniger ist mehr. Die meisten der potenziellen Anlageideen, auf die Sie stoßen, sollten abgelehnt werden. Denken Sie daran, dass Aktivität nicht gleich Erfolg bei der Investition bedeutet. Das Gegenteil ist sogar der Fall. Suchen Sie nach einer Investition, die wirklich auffällt und Ihren Kriterien entspricht, und denken Sie an die Opportunitätskosten.

Investieren Sie mit dem, was Sie sich leisten können. Wenn Sie nur mit dem Geld investieren, das Sie sich leisten können, zu verlieren, dann werden Sie immer in einem entspannteren Zustand sein, was zu besseren Investitionsentscheidungen und viel weniger Kopfschmerzen führen wird. Denken Sie daran, dass Emotionen bei einer Investition eine massive Rolle spielen. Wenn Sie diesen Fehler nicht machen, sind Sie bereits im Vorteil, wenn es darum geht, Ihre Emotionen zu kontrollieren.

Erkennen Sie sich selbst. Ich ermutige Sie, in verschiedenen Bereichen zu investieren, aber wenn Sie erkennen, dass Sie emotional nicht bereit dafür sind (was schwer zuzugeben ist!), dann investieren Sie weiter in Indexfonds und bleiben Sie einfach dabei. Investitionen in starke Märkte, wie den S&P 500 (und Äquivalente), werden im Laufe der Zeit zu erstaunlichen Ergebnissen führen, wenn man sie zusammensetzt.

Das Wichtigste ist, so schnell wie möglich zu beginnen.

Was die Investition betrifft, so ist Zeit aufgrund der Art und Weise, wie die Zusammensetzung funktioniert, Ihr wichtigstes Kapital. Erinnern Sie sich an die unterschiedlichen Ergebnisse aus dem Beispiel in Kapitel 2, die 5 Jahre in Bezug auf die erwirtschafteten Renditen gemacht haben. Wenn Sie früh anfangen, haben Sie außerdem mehr Zeit, um Geld zu sparen. Dies bedeutet nicht nur, dass Sie Zinseszinsen zu Ihrem Vorteil nutzen, sondern auch, dass Sie mehr Risiken eingehen können. Ältere Menschen, die kurz vor der Rente stehen, versuchen oft der Versuchung zu widerstehen, stark in Aktien zu investieren und sich stattdessen für weniger riskante Anlagen wie Anleihen zu entscheiden.

Das Eingehen von mehr Risiko bedeutet nicht, dass Sie nicht richtig recherchieren und sich Ihrer Investitionen sicher sein sollten. Es bedeutet, dass selbst wenn sich herausstellt, dass Sie sich bei einer Investition geirrt haben (nach 2 Jahren ist Ihre Investition immer noch nicht viel wert), dann können Sie sich diesen Fehler leisten. Aber Sie sollten unbedingt erfahren, warum es passiert ist und wie Sie verhindern können, dass es wieder passiert.

Machen Sie eine Checkliste mit allen Fehlern, die Sie machen, damit Sie sie nicht noch einmal machen. Sie brauchen keine Verluste zu befürchten, wenn Sie sich zu einem emotionslosen Investor ausbilden. Außerdem können junge Erwachsene mit mehr Druck umgehen, da der Ruhestand in der Regel noch weit entfernt ist.

Das Investieren ist nicht so komplex, wie viele denken. Mit dem richtigen Wissen und dem Willen zu lernen können auch Sie einen Lebensstil schaffen, den Sie sich schon immer gewünscht haben. Beharrlichkeit und Zeit sind die Schlüsselpunkte. Wenn Sie diese Eigenschaften pflegen, wird Ihr Vermögen jedes Jahr wachsen.

Hier sind noch einige weitere Vorteile, die sich aus der Investition in Ihre Jugend ergeben:

Sie werden in Zukunft einen besseren Lebensstil haben. Die meisten jungen Erwachsenen haben riesige College-Schulden, die sie abbezahlen müssen. Darüber hinaus können die Beschäftigungsquoten niedrig sein, was ebenfalls ihren Lebensstil beeinflussen kann. Wenn Sie jedoch anfangen, das Geld, das Sie haben, zu investieren, anstatt es für Dinge auszugeben, die Sie nicht brauchen, werden Sie bald die Ergebnisse sehen. Langfristiges Investieren bedeutet, dass Sie in Ihre Zukunft investieren, und es wird Ihnen viele Möglichkeiten eröffnen, an die Sie vielleicht nicht einmal gedacht haben. Selbst wenn Sie nur mit Ihrem üblichen Gehaltsscheck investieren, haben Sie, wenn Sie genügend Zeit haben, einen großzügigen Pensionsplan, ein neues Haus, College-Fonds für Ihre Kinder und viele andere Vergünstigungen vor sich.[456]

Sie werden Ihre Ausgabengewohnheiten einschränken. Wenn Sie investieren, müssen Sie eine finanzielle Verantwortung übernehmen, die Ihnen Ihre Eltern in Ihrer Kindheit vielleicht

---

[4] http://www.ampcapital.com.au/resources/keys-to-successful-investing/why-it-pays-to-start-investing-early

[5] https://www.investopedia.com/financial-edge/0212/5-advantages-to-investing-in-your-20s.aspx

[6] https://www.veteransunited.com/money/5-reasons-to-start-investing-early/

nicht zugemutet haben. Das führt oft zu irrationalen Ausgaben und dazu, dass man kaum über die Runden kommt. Dennoch werden Sie, wenn Sie ein Investor werden, ein strengeres Budget verfolgen und auf Ihre langfristigen Ziele hinarbeiten.

Beginnen Sie frühzeitig zu investieren und schaffen Sie sich den Lebensstil, den Sie sich schon immer gewünscht haben. Investieren Sie in sich selbst, wenn Sie es können, und fürchten Sie keinen Misserfolg. Ich bin sicher, dass Sie unglaubliche Ergebnisse erleben werden.

Schlussfolgerung

Ich hoffe, dass Sie eine fundierte Einführung in das Investieren erhalten haben und dass es Sie auf ein neues Niveau des Wohlstands bringen kann.

Der nächste Schritt besteht darin, Ihr Wissen ständig zu erweitern, indem Sie mehr lernen und beginnen, alles, was Sie lernen, anzuwenden. Die Anwendung von Wissen ist der Unterschied zwischen denen, die Erfolg haben, und denen, die einfach nur zuschauen.

Wenn Sie Fragen haben, Vorschläge für mich, die ich dem Buch hinzufügen möchte, oder Vorschläge für andere Bücher, die Sie gerne sehen würden, dann zögern Sie bitte nicht, mir jederzeit eine E-Mail an wwayne.publishing@gmail.com zu schicken.

Wenn Ihnen dieses Buch gefallen hat, dann können Sie gerne eine Rezension hinterlassen. Es wäre sehr willkommen!

Vielen Dank und viel Glück auf Ihrem Weg in die finanzielle Unabhängigkeit!

Bonus!

Bitte lesen Sie weiter, um mehr zu erfahren!

Ich habe vor, weitere Bücher zu schreiben, die tiefer in die verschiedenen Anlageklassen eintauchen werden, insbesondere in Aktien und Immobilien, da ich mit diesen am erfolgreichsten war. Ich werde meine Strategien und all die Lektionen, die ich im Laufe der Jahre gelernt habe, auf dieselbe einfache und unkomplizierte Weise wie in diesem Buch weitergeben. Mein Ziel ist es, so vielen Menschen wie möglich einen Vorsprung zu verschaffen, damit sie in den Vorruhestand gehen und finanziell unabhängig werden können, damit sie das Leben ohne Geldsorgen genießen können.

Von Zeit zu Zeit schreibe ich kleine Artikel, Miniführer, Tipps und Tricks usw., die zwar nicht groß genug sind, um ein Buch darüber zu schreiben, aber dennoch wichtig sind. Zusätzlich informiere ich meine Abonnenten auch, wenn ich neues Material herausbringe, damit sie sofort benachrichtigt werden können. Als Dankeschön für das Abonnement habe ich ein KOSTENLOSES Geschenk beigefügt. Hier ist der Link: http://bit.ly/2GkBNz3

Ich freue mich darauf, mehr Wert mit Ihnen zu teilen.

Grüße,

Walter

www.ingramcontent.com/pod-product-compliance
Lightning Source LLC
LaVergne TN
LVHW012127070526
838202LV00056B/5906